AF451686

BIBLIOTHÈQUE

CHRÉTIENNE ET MORALE,

APPROUVÉE

PAR Mgr L'ÉVÊQUE DE LIMOGES,

In-12, 3e Série.

LE DÉPART DE SAVOIE.

vous les rappelez-vous les départs de notre temps?

LE
DÉPART DE SAVOIE

COMÉDIE EN UN ACTE, AVEC CHANT

PAR

MADAME TRUC.

LIMOGES.

BARBOU FRÈRES, IMPRIMEURS-LIBRAIRES.

PERSONNAGES :

—

MÈRE VINCENT, grand mère

MÈRE GERONIME, sa fille.

BARNABÉE, fille de Géronime.

MICHELINE, amie de Barnabée.

FANCHON,
COLETTE.
RITE.
MARION.

} jeunes fillés.

MÈRE JUSTIN.
MÈRE RIGAUDE.

} vieilles.

JAVOTTE.
FLIPOTTE.

} paysannes.

La scène se passe dans un village de Savoie, chez Barnabée.

SCENE I.

BARNABÉE, FANCHON, RITE, COLETTE.

TOUTES EN CHŒUR.

C'est le moment de partir pour la France :
Monts élevés, nous allons vous quitter ;
Mais du pays la douce souvenance
A notre esprit saura vous rappeler.

UNE VOIX.

Loin de ces lieux, comme d'un voile sombre,
Ce ciel aimé pour nous sera couvert,
Nous serons loin de nos bois, de leur ombre...
Il faut quitter tout ce qui nous est cher.

UNE AUTRE.

Mais nous verrons de Paris la richesse,
Les beaux hôtels, les palais somptueux...
N'oublions pas, mes sœurs, que la sagesse
Bien plus que l'or garde le cœur heureux.

CHŒUR.

C'est le moment, partons, jeunes compagnes ;
Déjà du ciel descendent les glaçons ;
Pâtre et troupeau reviennent des montagnes...
Plus n'est le temps de danser aux chansons

BARNABÉE.

Hélas!

RITE.

Tu soupires, amie ?

BARNABÉE.

Il faut partir... Que ce mot est amer !

FANCHON.

Amer! non, il ne présente à mon esprit curieux que plaisirs variés : nous verrons tant de choses nouvelles.

BARNABÉE

Mais nous en quittons qui nous sont si chères ! Quel pays pourrait valoir le nôtre? quels amis pourront remplacer nos parents !

MARION.

Ah ! il est certain qu'on peut rencontrer un ciel plus beau... mais des amis plus sûrs...

RITE.

Qu'il est triste d'être si pauvre ! les enfants des riches sont-ils heureux ! ils n'ont pas besoin de s'expatrier.

MARION.

Et s'expatrier, pourquoi ? Si c'était la fortune qu'on va tenter, encore; mais quelques pauvres sous péniblement économisés, en se privant presque du nécessaire, sont le mince résultat...

RITE.

Et cependant ces pauvres sous soutiennent
l'existence des vieux parents.

BARNABÉE.

Si ce n'était ça, partirions-nous? quitterions-
nous ce village aimé.

FANCHON.

Quant à moi, je ne partage pas votre avis.
J'attendais avec impatience l'heure qui sonne-
rait mes quinze ans *(on ne voulait pas me laisser
partir avant cet âge)*, afin d'aller courir le monde
et chanter au son de la vielle.

RITE.

Follette, va.

FANCHON.

C'est si amusant de courir, de voir ce qui est
beau.

Moi, dessus la route poudreuse,
Il me tarde de m'égarer ;
De tout voir je suis curieuse,
Comme mes yeux vont regarder !
En chantant on parcourt le monde,
En chantant la bourse s'emplit ;
On revient, chez soi tout abonde,
On a de l'or et de l'esprit.

Ici que voit-on ? toujours la même chose, pas plus.

BARNABÉE.

La même chose, quand on l'aime, n'est-elle pas agréable sans fin ?

FANCHON.

Du tout, un peu de changement fait plaisir. Puis ces misérables costumes, nous pourrons les changer contre de fraîches robes et de jolis rubans. Travailler sans relâche et n'avoir jamais un sou dans la main, c'est pas trop dur.

BARNABÉE.

Nous sommes vêtues cependant.

FANCHON.

De quelle manière ! Compare... compare cette robe pesante, ce bonnet mesquin, avec les mises des villes, et tu sentiras la différence alors.

BARNABÉE.

Mon Dieu ! je ne dis pas... mais nos mères nous trouvaient jolies ainsi, avec nos simples vêtements.

FANCHON.

Oui, nos mères ! Mais cela te suffit-il ?

BARNABÉE.

Cela me suffit.

FANCHON.

Pour moi, j'aime ma mère, mais j'aime aussi

les amusements , les plaisirs... Alors la toilette
est nécessaire. Puis...

RITE.

Oh ! c'est que Fanchon a dans la tête mille
idées, elle fait de beaux rêves.

FANCHON.

C'est permis. Je connais l'histoire de Fanchon
la vielleuse, et je dis que si elle était restée toujours ici , elle ne serait pas devenue une grande
dame.

MARION.

Fanchon la vielleuse ! et tu espères aussi devenir célèbre comme Fanchon ?

FANCHON.

Je porte son nom , c'est déjà quelque chose

COLETTE.

Ce quelque chose me paraît bien peu.

FANCHON.

Il te le semble. Le proverbe dit que nul n'est prophète dans son pays... Mais... et les étrangers qui me verront...

RITE.

Est-elle coquette, cette petite Fanchon !

FANCHON.

Chacun a son caractère.

BARNABÉE, *tristement.*

Ainsi donc c'est pour ce soir ?

COLETTE.

Oui. Ce soir, un peu avant la nuit, nous partons, et nous allons coucher au prochain village, à trois lieues d'ici.

BARNABÉE.

Trois lieues ! le clocher de la paroisse ne se verra plus de là.

FANCHON.

Quand il se verrait, tu n'en serais pas moins à trois lieues de ta chaumière. Allons va, il faut partir : partons sans tant de deuil. Ne serons-nous pas heureuses quand nous enverrons un bon bout de mouchoir solidement attaché, rempli de petites pièces et de sous ?

MARION.

Ah ! et quand nos mères recevront le petit paquet auquel sera joint tantôt un joli fichu à beau ramage, tantôt un beau tablier de colonne rouge...

BARNABÉE.

Quel bonheur !

FANCHON.

Tu vois donc bien qu'il faut partir. Ici pourrions-nous jamais nous permettre une telle dépense, nous donner si grand plaisir !

BARNABÉE.

C'est vrai, c'est vrai.

FANCHON.

Et puis si, malgré les envois, il reste encore un peu pour nous faire belles, tant mieux ! Nous ne serons pas blâmables pour cela.

BARNABÉE.

Tu as raison, mais que veux-tu, ce moment du départ est bien pénible.

COLETTE.

Mais si nous allions tout préparer et faire notre paquet ?

MARION.

Ah ! le paquet ne sera pas lourd, et sera bientôt arrangé.

RITE.

Moi, je porte tout sur moi.

COLETTE.

Attends, tu es alors comme... Mon Dieu ! j'ai oublié le nom... Le maître d'école disait ça l'autre jour à maître Jérome , qui aussi en partant n'emportait que lui-même. Vous ressemblez, lui disait-il , à un fameux sage

RITE

Un sage ?

COLETTE.

Oui, un sage... grec, je crois , qui disait en se sauvant de son pays, où il y avait la guerre : J'emporte tout avec moi.

RITE.

Et qu'emportait-il ?

COLETTE.

Rien que sa personne donc.

RITE.

Alors ce tout ne consistait qu'en lui ?

COLETTE.

Mon Dieu! ne comprenez-vous pas? Le maître disait que c'était une belle parole: *tout*, en n'emportant rien de matériel, consistait seulement dans sa science, son génie.

MARION.

Bah! léger bagage.

RITE.

Bagage qui ne l'empêcherait pas de mourir de faim, en tout cas.

FANCHON.

Ah! vous ne comprenez pas ça, vous autres.

RITE.

C'est trop beau pour nous, c'est vrai.

SCÈNE II.

LES PRÉCÉDENTES, JAVOTTE.

JAVOTTE.

Eh bien ! que fait-on par ici? Il y a de la tristesse, je crois; vous êtes là toutes bouche close..
Qu'est-ce que ça signifie?

BARNABÉE, *tristement.*

Nous allons partir.

JAVOTTE.

Eh bien ! c'est le moment d'être **gaies, de rire,**
de chanter.

FANCHON.

Mais moi je ris, mère Javotte.

JAVOTTE.

Et tu fais bien. Quand j'étais à votre âge, moi, et qu'arrivait le moment du départ, je chantais huit jours à l'avance. Laissez-moi cette figure de consternation, que vous attristeriez la joie en personne. Allons, Barnabée, un peu de rire, je vous prie ; qu'on fasse un bout de répétition.

RITE.

Deux au milieu, et que nous regardions une petite danse. Allons ! (*Elle presse Fanchon et Barnabée*).

FANCHON.

Oh ! moi, je ne demande pas mieux. Je leur disais comme vous, que j'étais contente de voir du pays.

JAVOTTE.

Tu as trois fois raison. Dam ! j'ai passé là mon plus beau temps... Mais voyons, dansez, fillettes. Faites comme si vous étiez devant une assemblée de passants.

BARNABÉE.

C'est pour vous faire plaisir, mère Javotte, car je n'ai nulle envie de danser.

JAVOTTE.

Allons, allons, dansez toujours. Rite, prends ta vielle. *(Elles dansent et Rite joue)*.

C'est très-bien ça, très-bien. Après une pareille danse, les sous vont pleuvoir dans l'écuelle. Ça va marcher joliment bien, et vous allez revenir riches à faire envie. La Fanchon a une petite mine de lutin, et Barnabée, avec son air langoureux, ne va pas mal non plus. Ces deux airs s'associent très-bien : il faut un peu de diversité, je m'y connais.

MARION.

C'est que vous étiez une fameuse, on dit.

JAVOTTE.

J'avais mon petit mérite, et quand je dansais, chacun aurait voulu être plus grand que ses voisins, et se hissait sur la pointe du pied. Je faisais toujours bonne cueillette : les belles dames me donnaient parfois de jolies pièces blanches. Tu l'as bien gagnée, me disaient-elles ; tu danses à ravir, à miracle. Moi j'étais heureuse et fière, mon amour-propre se gonflait, et ma bourse aussi.

Mais, Marion est aussi fort habile sur le tambour de basque, voyons, un petit tour.

MARION.

Volontiers.

JAVOTTE.

Et le couplet obligé.

MARION.

Bien entendu.

(Elle chante en dansant avec le tambour de basque).

> Au son du tambour de basque,
> Tambour qui n'est pas guerrier,
> Sans fusil, sabre ni casque,
> J'ai conquis plus d'un laurier.
> Pour ma gracieuse danse,

Donnez quelques petits sous :
Mon tambour en main j'avance,
Je m'avance auprès de vous.

JAVOTTE.

Charmante petite Marion ! elle est gentille notre Marionette. Tout ça va marcher sur des roulettes, je ne vous désire que ma chance.

FANCHON.

C'est que vous en aviez fièrement, il paraît.

JAVOTTE.

C'est vrai. Oh ! pour ça, je ne puis pas me plaindre, les places me tombaient du ciel, et meilleures les unes que les autres. Voila comme je m'arrangeais : le matin, je faisais les ménages, et l'après midi, je requinquais mon bonnet, je prenais ma vielle, et je faisais ma ronde.

RITE.

Et vous n'étiez pas fatiguée ? Les ménages...

JAVOTTE.

Bah! je n'en avais que quatre. Un tour de main, la besogne était faite . Mon premier, c'était chez la mère Taciturne.

COLETTE.

Taciturne... quel nom !

JAVOTTE

C'était le sien, une brave femme ! Je la vois encore, sa main passée dans un vieux bas.

RITE.

Pauvre métier !

JAVOTTE.

Pourquoi ça ? Il en vaut un autre, et la preuve c'est que la mère Taciturne l'avait, disait-elle, choisi par goût. Après tout, chacun a le sien, et on est libre. Dam! tout le saint long du jour elle reprisait des bas en silence, que c'était pitié tant elle travaillait, mais ça était laborieux comme une vraie fourmi. Tachez de suivre son exemple que je vous offre.

RITE.

Merci, mère Javotte, nous y tacherons.

JAVOTTE.

Ainsi soit. Avec ça donc, dès l'aube je m'acheminais chez la Taciturne, qui jamais ne riait ni ne desserrait les dents, sauf pour manger sa soupe et boire son cidre, et je montais ma cruche au neuvième étage.

FANCHON.

Comment dites-vous, mère Javotte, au neuvième étage?

JAVOTTE.

Eh bien ! qu'y a t-il là de surprenant ? à Lyon il y a des maisons hautes, faut que le terrain se profite. C'est pas comme ici où les cabanes n'ont quelquefois pas même un premier.

2.

FANCHON.

Aussi un neuvième !

JAVOTTE.

C'était ainsi, vous en verrez bien d'autres. Il est vrai que tout n'était pas si élevé ; par exemple, la chambre de la dame Tirassier n'était qu'au septième.

COLETTE.

C'était bien assez.

JAVOTTE.

Celle-ci était l'opposée de l'autre : elle ne faisait jamais rien, et elle parlait toujours. Elle avait en bas une boutique où elle vendait à boire, et alors, pour donner l'exemple, elle buvait pas mal joliment, ce qui lui déliait la langue, on ne saurait dire. Pauvre dame Tirassier ! elle payait bien pourtant. J'avais aussi chez elle mes trois francs, pour monter son eau et lui laver son assiette, comme à la mère Taciturne... Tout de même, à la fin du mois, quand l'argent tombait, j'oubliais qu'il fallait monter la cruche au neuvième.

MARION.

Enfin pour le moment vous avez de bons écus ?

JAVOTTE.

Ça ne va pas trop mal, et mon Jeannot ne mourra pas de faim. Faut dire que mon homme a un état lucratif, le ramonage, ça donne bien, et ça va toujours.

FANCHON.

C'est vrai.

JAVOTTE.

Un peu d'ici un peu de là, nous avons acheté un champ. La chaumière est commode, et tout va bien. Vous ferez la même chose, vous irez ramasser une bonne somme, et puis vous reviendrez au pays, et vous ferez comme ont fait vos mères.

BARNABÉE.

Enfin, nous n'en sommes pas là. **Pour le moment, il faut partir.**

JAVOTTE.

Voilà bien de quoi !... Vous ne serez pas les pre-
mières qui serez parties, ni les dernières qui parti-
ront. Il faut avoir un peu de courage... Et puis
vous allez à Paris.

> Quand vous verrez tant de magnificence,
> Vous vous direz : jamais on ne croirait
> Que l'homme sût donner tant d'élégance,
> Que l'homme pût faire tout ce qu'il fait :
> Jardins charmants, où l'eau monte et murmure,
> Beaux magasins et larges boulevards...
> A nous beautés viennent de la nature,
> Mais à Paris tout émane des arts.

Ce qui est bien plus recherché.

BARNABÉE.

Ce n'est pas une raison pour que ce soit plus
beau.

JAVOTTE.

Oh ! toi qui n'as pas envie de partir, tu ne trouves rien à ton goût, c'est clair. Allons, allons, en route, mauvaise troupe. Prenez-moi des provisions, et que je vous voie défiler.

BARNABÉE.

Ce n'est pas l'heure encore. Nous allions, quand vous êtes entrée, faire nos derniers apprêts et dire aux amis le dernier bonjour.

JAVOTTE.

Eh bien ! venez, allons-y de ce pas, et sans tristesse, gaiement.

FANCHON

Oui, oui, allons.

C'est le moment, partons, jeunes compagnes ;
Déjà du ciel descendent les glaçons ;
Pâtre et troupeau reviennent des montagnes...
Plus n'est le temps de danser aux chansons.

(Elles sortent, Fanchon saute et rit).

SCENE III.

Mère RIGAUDE, mère JUSTIN. *Elles regardent partir leurs jeunes filles. Elles sont toutes deux courbées sur leur bâton, leur voix est tremblotante.*

Ensemble.

Oh ! que c'est beau, la jeunesse !
D'un Dieu bon c'est le cadeau ;
Ça vaut mieux que la richesse :
La jeunesse, que c'est beau !

MÈRE JUSTIN.

Jeune, on a force et courage
Pour courir du val au mont ;
Mais quand viennent jours de l'âge,
On s'endort sur son tison.

Ensemble.

Oh ! que c'est beau, la jeunesse !
D'un Dieu bon c'est le cadeau ;
Ça vaut mieux que la richesse :
La jeunesse, que c'est beau !

MÈRE RIGAUDE, *tirant mère Justin par la manche.*

Vous souvient-il la journée,
Où lestes comme l'oisel,
En courant sous la feuillée,
Nous rencontrâmes Marcel ?

MÈRE JUSTIN.

Ah ! l'oublier, le pourrais-je,
Puisque Justin s'y trouvait ?
J'étais blanche comme neige,
Je tremblais dans mon corset.

MÈRE RIGAUDE.

Las ! tous deux ont pris la route
Que mortels tous nous prendrons.
Chers époux ! au ciel, sans doute,
Un jour nous nous reverrons.

Ensemble

Mais c'est bien beau, la jeunesse !
Pourquoi ne peut-on sans fin
Posséder cette richesse,
Et n'avoir point de déclin !

MÈRE JUSTIN.

Enfin c'est leur temps à présent, nous eûmes notre temps jadis.

MÈRE RIGAUDE.

Vous les rappelez-vous les départs de notre temps ? quels bons rires nous faisions.

MÈRE JUSTIN.

Oh ! C'était tout de même gai d'aller voir tous ces beaux pays.

MÈRE RIGAUDE.

Et d'en revenir les poches bien garnies. C'est drôle, il me semble que les jeunes filles d'à-présent ne sont plus aimables comme nous l'étions, et ça ne m'étonnerait pas, puisqu'on dit que le monde va toujours en déclinant.

MÈRE JUSTIN.

On dit ça ?

MÈRE RIGAUDE.

De notre temps, par exemple, est-ce qu'on avait un air évaporé comme elles l'ont à présent. Elles ne pensent qu'à folâtrer.

MÈRE JUSTIN.

Oh ! ça, tante Rigaude, vous savez que dans votre jeunesse on vous nommait la mère Rigau don, parce que vous étiez toujours en l'air, tou-'ours prête à danser ou à chanter, et même à faire es deux choses à la fois.

MÈRE RIGAUDE.

Qu'y avait-il là d'étonnant ? J'étais gaie, voilà.

MÈRE JUSTIN.

C'est pour dire que je crois que c'est et que ça

a été toujours à peu près la même chose. De tout
temps la jeunesse a aimé à s'amuser, et de tout
temps les jeunes filles ont été, pour la plupart,
un peu folles, un peu légères, puis l'âge arrange
tout ça.

MÈRE RIGAUDE.

Que trop tôt. J'aurais bien préféré qu'il ne pût
l'arranger et qu'il me laissât telle que j'étais seulement à trente ans.

MÈRE JUSTIN.

Que voulez-vous ? C'est la loi.

MÈRE RIGAUDE.

Oui, la loi. Loi cependant qu'on ne suit que par
force. Qui ne voudrait être éternellement jeune
et gaie !

MÈRE JUSTIN.

Il faut vouloir ce qui est, et ce qu'on ne peut
changer, et puisqu'il faut mourir jeune ou vieillir, tant vaut...

MÈRE RIGAUDE.

Tant vaut vieillir, c'est clair.

MÈRE JUSTIN.

Puis, pour notre consolation, il faut dire que nous pouvons vieillir; mais que la jeunesse ne s'en ira pas avec nous. Elle habite toujours le monde, et pare quelque temps les uns, quelque temps les autres.

Elle peut changer d'adresse; mais on la retrouvera toujours aussi fraîche, que lorsqu'elle embellissait Ève notre première mère.

MÈRE RIGAUDE.

Belle consolation! Elle sert à grand chose, quand on ne l'a plus, et qu'on la voit sur le front de sa voisine.

MÈRE JUSTIN.

Jadis d'autres la virent sur le vôtre.

MÈRE RIGAUDE.

Oui, ce jadis est si loin.

3.

MÈRE JUSTIN.

Comment faire? Nous irons , s'il plaît à Dieu, nous rajeunir dans un monde meilleur.

MÈRE RIGAUDE.

Oh ! cette pensée...

MÈRE JUSTIN.

Est grave ; mais elle console... Oui, croyez-moi.

> Brillante de jeunesse,
> L'âme au ciel se verra ,
> Dans une douce ivresse,
> D'amour elle vivra.
> Puis, consolant mystère,
> Au ciel nous aimerons
> Nos amis de la terre,
> Que nous y trouverons.

Oui, oui, consolons-nous. La jeunesse reviendra pour nous. Et quelle jeunesse ! une jeunesse éternelle.

MÈRE RIGAUDE.

Il est vrai que la foi peut donner à l'âme beaucoup de consolation.

MÈRE JUSTIN.

Elle est si courte cette jeunesse qu'on déplore. Jeunesse et beauté, deux fragiles roses qu'on a à peine le temps d'apprécier, et qui de suite s'envolent chez une autre

MÈRE RIGAUDE.

Ce n'est que trop vrai.

MÈRE JUSTIN

Mais venez-vous? Allons-nous les voir au départ?

MÈRE RIGAUDE.

Mon Dieu , je n'ai pas de fille, moi... Alors...

MÈRE JUSTIN.

Mais vous avez des nièces , de jeunes amies.

Allons au moins leur souhaiter un heureux voyage, et leur donner quelques bons conseils. Faisons comme on a faisait pour nous jadis.

MÈRE RIGAUDE.

Eh bien ! puisque nous ne pouvons plus faire que donner des conseils, donnons-en du moins, et que notre expérience puisse être de quelque utilité à ces jeunes têtes.

MÈRE JUSTIN.

Venez, mère Rigaude, et non plus Rigaudon.

MÈRE RIGAUDE.

Oh ! les jambes de la mère Rigaudon ont disparu depuis longtemps, pour faire place à de pauvres pas lourds et pesants.

MÈRE JUSTIN.

Eh bien ! mère Rigaude, que Dieu soit béni en tout..

La vieillesse est encore un bienfait, remercions-le. Combien en avons-nous vus passer, qui ne sont pas arrivés à notre âge, et que depuis longtemps...

MÈRE RIGAUDE.

C'est vrai, c'est vrai.

MÈRE JUSTIN.

Disons donc.

Merci, mon Dieu, merci de nos années ;
Les ans sont lourds, mais ils sont un bienfait.
Bientôt, hélas ! nous serons remplacées,
D'autres feront comme nous avons fait.
Mais, ô Seigneur, en brisant notre chaîne,
Fais-nous monter un jour auprès de toi :
Lors, sans effroi, sans regret et sans peine,
Nous partirons en bénissant ta loi.

Ensemble.

Mais, ô Seigneur, en brisant notre chaîne,
Fais-nous monter un jour auprès de toi :
Lors, sans effroi, sans regret et sans peine,
Nous partirons en bénissant ta loi.

(*Elles se tendent la main.*)

Allons, allons... (*Elles sortent en s'appuyant
sur leur bâton*).

SCÈNE IV.

BARNABÉE, MICHELINE. (*Elles arrivent en se
tenant la main*).

MICHELINE.

Ma chère Barnabée, causons un **instant**, je
t'en prie.

BARNABÉE.

Loin de toi, il me semble, ma bonne Micheline, que j'ai bien des choses à te dire ; à tes
côtés, j'oublie tout.

MICHELINE.

Oh ! c'est que le bonheur d'être ensemble

remplit tout notre cœur, et cette pensée absorbe les autres. Demain, que tu seras déjà loin de nous.

BARNABÉE.

Mon cœur reste ici, tu n'en doutes pas, ma bonne Micheline.

Oui, ta pensée viendra vers nous. Elle m'entourera peut-être; mais, hélas! je ne pourrai lui parler, et je ne la verrai pas.

BARNABÉE.

Il en sera de même de moi, ma chère, ta pensée aussi m'accompagnera ; elle m'enveloppera et me suivra sur le chemin que je vais parcourir; mais elle sera invisible à mes yeux.

MICHELINE.

Penses-tu que je n'irais pas avec toi, mon amie, si cela ne m'était impossible ?

BARNABÉE.

Oh ! je n'en doute pas.

3..

MICHELINE.

Si je suivais mon goût, je partirais de suite; mais, de même qu'il est de ton devoir de partir pour aider les parents qui peuvent ici se passer de toi, de même je dois, moi, ne pas bouger du village et y rester pour servir et être utile aux miens.

BARNABÉE.

Ta grand'mère est si âgée.

MICHELINE.

Et sa sœur, ma grand'tante, l'est aussi presqu'autant.

BARNABÉE.

Que feraient sans toi ces deux saintes femmes?

MICHELINE.

Mon devoir est d'être auprès d'elles.

BARNABÉE.

Aussi je ne te dis pas : viens, et je retiens les

larmes qui veuleut s'échapper de mes yeux, en m'en allant sans toi.

MICHELINE.

Et mon frère qui arrivera bientôt de l'armée, qu'il sera triste de ne pas te trouver à la cabane !

BARNABÉE.

Je te laisse pour lui mes saluts et mes vœux de bonheur.

MICHELINE.

Il eût mieux aimé un simple bonjour de ta oouche.

BARNABÉE.

Que veux-tu?

MICHELINE.

Plus tard tout s'arrangera, s'il plaît à Dieu, au gré de nos désirs. Tu sais quels sont nos vœux, ceux de la famille...

BARNABÉE.

Que peut-on se promettre au moment d'un départ! Tout ira comme il plaira à Dieu.

MICHELINE.

Oh ! tu deviendras ma sœur, chère Barnabée.
Que je serai heureuse alors! Que mon frère sera
content... Cependant je ne pourrai t'aimer plus
que je t'aime. Nous t'aimons tant tous.

BARNABÉE.

Et moi, et moi... tu le sais... vous le savez...

Pour vous mon cœur vit et palpite,
Vous êtes seuls mes vrais amis ;
Pourtant il faut que je les quitte,
Ces êtres que tant je chéris.
Devant des choses sans pareilles,
Quand tous les yeux seront ravis,
Je dirai : ce sont des merveilles,
Mais j'aime mieux notre pays.

MICHELINE.

Tu diras : ce sont des merveilles,
Mais j'aime mieux notre pays.

BARNABÉE.

J'en ferai de même.

MICHELINE.

Bonne sœur, chère amie, sans cesse je pense-
rai à toi.

A l'heure où le soleil décline,
En faisant virer mon fuseau,
Assise au pied de la colline,
Je rêverai près du ruisseau ;
Et je dirai : Ma Barnabée
Est loin, bien loin de ses amis...
Mais je saurai que ta pensée
Vole toujours vers le pays.

BARNABÉE.

Oui, tu sauras que ma pensée
Vole toujours vers le pays.

Ah ! ma mère, ma chère grand'mère, promets
moi de les voir souvent.

MICHELINE.

N'en es-tu pas sûre ?

BARNABÉE.

Ma mère est si triste !

MICHELINE.

Tu l'es plus encore, toi, qui te sépares d'elle et
de nous. Pauvre François, sera-t-il chagrin,
quand il ne te trouvera pas en arrivant!

BARNABÉE

Vous vous consolerez ensemble : rien ne sera
changé autour de vous, un seul être manquera,
tandis que moi...

MICHELINE.

Chère Barnabée, pensons à la joie du retour ;
pense à ce pauvre François qui sera si heureux
de te revoir.

BARNABÉE.

Hélas !

MICHELINE.

Du courage ! Tu fais ton devoir, Dieu te bénira.
Mais je te laisse, amie, je cours vite tout préparer
à la cabane pour ma grand'mère et ma tante, afin
de pouvoir t'accompagner le plus loin possible.

BARNABÉE.

Au moins jusqu'à la croix de pierre.

MICHELINE.

Oui, oui. — Tiens, voilà mère Flipotte qui vient
te donner ses commissions.

SCENE V.

BARNABÉE, FLIPOTTE.

FLIPOTTE, *un paquet à la main*.

Oui, je venais vous demander, ma chère Barnabée, si vous vouliez me faire une petite commission.

BARNABÉE.

Oh! tante Flipotte, avec le plus grand plaisir.

FLIPOTTE.

Vous remettrez à ma pauvre Fanchette ce petit
paquet : c'est un pain de beurre frais que j'ai
battu pour elle, et deux bonnes paires de bas que
je lui ai tricotées : ça lui fera plaisir.

BARNABÉE.

Je crois bien. Voilà déjà longtemps qu'elle est
à Paris.

PLIPOTTE.

Depuis l'an passé. Elle n'est pas revenue l'été
qui vient de finir. « Je suis bien, me dit-elle, j'ai
une bonne place ; si je pars, je la perdrai ; je reste
jusqu'à plus tard. »

BARNABÉE.

Elle a bien fait.

FLIPOTTE.

Oh ! ce n'est pas sans peine que j'y ai consenti.
Mais elle m'envoie de temps en temps une petite
somme, notre pauvre Jacques se fait vieux, et
alors...

BARNABÉE.

Vous la reverrez avec plus grand plaisir.

FLIPOTTE.

Pauvre Fanchette! Dites-lui bien, Barnabée, combien je lui recommande de continuer à être laborieuse et sage.

BARNABÉE.

Je le lui dirai, mais je crois que ce n'est pas nécessaire, je la connais pour une des meilleures.

FLIPOTTE.

Si c'est possible, voyez-la souvent; le dimanche, allez aux offices ensemble. Si elle est aussi pieuse que vous, je serai contente.

SCENE VI.

BARNABÉE, FLIPOTTE, MÈRE GÉROMINE.

MÈRE GÉROMINE.

Barnabée, ma fille, où es-tu ?

BARNABÉE.

Me voici, ma mère.

MÈRE GÉRONIME.

Ah! vous voilà, Flipotte?

FLIPOTTE.

Oui, j'étais venue prier Barnabée de se charger d'un petit paquet pour Fanchette.

MÈRE GÉRONIME.

Oh! ce départ... Qu'il est cruel de voir s'éloigner ainsi nos filles !

FLIPOTTE.

Vous pouvez le dire, mère Géornime, Depuis que ma Fanchette est partie, la joie est partie avec elle de la chaumière.

MÈRE GÉRONIME.

Je le crois. Une jeune fille rit, chante, est joyeuse; elle remplit la maison... mais quand il n'y a que les pauvres parents... dure nécessité!

FLIPOTTE.

Que voulez-vous ? contre la force pas de résistance.

BARNABÉE.

Jadis vous aussi vous partîtes...

MÈRE GÉRONIME.

Oui, je me rapelle la tristesse de ma mère, et aussi sa joie au moment du retour.

BARNABÉE.

Eh bien ! mère, ce sera la même chose : vous verrez quel beau jour sera celui où je reviendrai.

MÈRE GÉRONIME.

S'il ne fallait pas commencer par celui de la séparation.. mon Dieu ! Et as-tu préparé ce qu'il faut pour tantôt. Les amies viendront ici boire le coup du départ, il faut arranger la table.

BARNABÉE.

Oui, mère, j'y vais. Les petits gâteaux seront encore chauds. (*Elle arrange la table*).

MÈRE GÉRONIME.

J'espère, chère Flipotte, que vous ne me refuserez pas de boire à la santé des voyageuses.

FLIPOTTE.

Et c'est du fond du cœur que je leur souhaiterai bonne santé et bonne réussite. Mais permettez que j'aille ici près faire une petite commission, je reviens dans un instant. (*Elle sort*).

MÈRE GÉRONIME.

Nous vous attendons, mère Flipotte. Nous voici au moment terrible, j'ai beau renforcer mon cœur et vouloir retenir mes larmes, elles s'échappent malgré moi de mes yeux.

BARNABÉE, *qui a fini de mettre la table, arrivant.*

Voilà tout prêt : les gâteaux, les pommes et le

vin cuit. La collation est prête, il ne manque que les convives.

MÈRE GÉRONIME.

Ils ne se feront pas longtemps attendre, car...

BARNABÉE.

Oui, voici bientôt le moment.

MÈRE GÉRONIME, *essuyant ses yeux*.

Mais, au moins, ma chère enfant, n'oublie pas les recommandations de ta mère. Si tu n'étais pas bien, reviens, reviens aussitôt.

BARNABÉE.

Oh !..

MÈRE GÉRONIME.

Sage, tu le seras toujours, j'espère : mais, au moment du départ, ce sont des choses qu'on aime à répéter.

BARNABÉE.

Et aussi qu'on aime à entendre de la bouche d'une mère.

MÈRE GÉRONIME.

Ah! si j'avais pu te garder, si...

BARNABÉE.

Vous savez bien que c'est impossible, il **faut** partir?

MÈRE GÉRONIME.

C'est vrai, il faut que tu t'en ailles au loin... L'affection que tu as pour tes deux mères t'y oblige. Mais écoute, écoute encore. (*Elle lui prend les mains*).

(Air de *la Grâce de Dieu.*)

Tu pars, ma fille bien-aimée,
Mais, étant loin de ton pays,
Rappelle-toi qu'à la veillée,
De toi s'occupent tes amis.

N'oublie pas que Dieu, notre père,
Pour le connaître te créa,
En sa bonté toujours espère,
Le priant, il te bénira.

    Enfant, embrasse-moi...   *(Elle l'embrasse).*
    Que Dieu veille sur toi !
    Enfant, embrasse-moi,
    Que Dieu, que Dieu veille sur toi !

Si le tumulte de la ville
Est funeste aux cœurs innocents,
Si ton âme calme et tranquille
Regrettait la paix de nos champs,
Reviens, ma douce Barnabée,
Retourne vite en ce pays...
Tu seras pauvre, mais aimée.
L'argent vaut-il de bons amis?

    Enfant, embrasse-moi...
    Que Dieu veille sur toi !
    Enfant, embrasse-moi,
    Que Dieu, que Dieu veille sur toi !

BARNADÉE.

Si je pars, tu le sais, ma mère,
C'est pour aller au loin gagner
Quelques secours pour ta misère,
Pour t'être utile, pour t'aider ;
Mais le souvenir du village,
De nos parents, de nos amis,
Rendra bien triste ce voyage ;
Rien n'est si cher que le pays.

En te disant adieu,
Mère, j'espère en Dieu,
En te disant adieu,
Mère, mon cœur espère en Dieu.

(Se rapprochant ; On entend sonner l'horloge,

Entends-tu mère, il sonne l'heure,
L'heure d'adieu, de se quitter ;
Mon cœur est faible, mon cœur pleure,
Laisse-moi vite t'embrasser.

(Elle tombe sur sa mère).

4

MÈRE GÉRONIME.

Reine du ciel, ô sainte Vierge,
Guidez ses pas, soutenez-la...
A vos pieds jé vais mettre un cierge,
Dont la clarté la guidera...

Ma chère fille, adieu,
Notre espoir est en Dieu.
Ma chère fille, adieu,
Que notre espoir ne soit qu'en Dieu!

SCÈNE VII.

MÈRE GÉRONIME, BARNABÉE, JAVOTTE.

JAVOTTE.

Allons, allons, Géronime, n'attristez pas cette
enfant par vos doléances. On se fait une raison.

MÈRE GERONIME.

Je ne puis pas.

JAVOTTE.

Vous le voyez : elle pleure ; elle rirait si elle
vous voyait gaie... Mais tant de jérémiades...

MÈRE GÉRONIME.

J'ai tort peut-être... Que voulez-vous...

JAVOTTE.

On se décide à une chose ou à l'autre ; on
prend un parti, et on l'accepte avec courage.
Allons, Barnabée, donnez l'exemple à votre
mère, montrez-vous plus forte qu'elle ; vous
savez que nous venons boire ici le coup du
départ.

BARNABÉE.

Vous voyez, la table est prête.

JAVOTTE.

C'est parfait... Mais voici notre monde.

SCÈNE VIII.

LES PRÉCÉDENTES, TROUPE DE JEUNES FILLES. *Quelques - unes ont des petits paquets , une vielle, un panier, et quelques mères les accompagnent.*

JAVOTTE.

Allons , arrivez donc , les partantes, que nous bavions à votre santé.

MÈRE GÉRONIME.

Mais , ma mère...

BARNABÉE.

Oh ! ma bonne grand-mère , je vais l'appeler...

JAVOTTE.

Et non , non , la voici. Et avec elle ses anciennes amies , la mère Rigaude et la mère Justin.

SCÈNE IX.

MÈRE GÉRONIME, BARNABÉE, JAVOTTE,
TROUPE DE JEUNES FILLES, MÈRE VINCENT,
MÈRE RIGAUDE, MÈRE JUSTIN, QUELQUES
MÈRES , *appuyées sur leur bâton.*

MÈRE RIGAUDE.

Les voici, les pauvres vieilles grand-mères.

JAVOTTE.

Les patriarches du village.

MÈRE JUSTIN.

Oui , nous sommes les plus anciennes ; personne, je crois , ne nous envie ce privilége.

4.

JAVOTTE.

Chacun pourtant désire suivre votre exemple.

MÈRE RIGAUDE.

Oui, on désire vieillir ; mais personne n'aime
à être vieux. Qu'elle contradiction !

MÈRE JUSTIN.

Oh ! mais vous, mère Rigaude, vous êtes encore toute fringante. Il est vrai que la mère Rigaudon...

MÈRE RIGAUDE.

Allez la chercher la légère Rigaudon ; il y a
longtemps qu'elle s'est envolée, laissant à sa
place la pauvre vieille que vous voyez.

JAVOTTE.

Ah ! que voulez-vous ! chacun son temps ; après
les uns les autres.

MÈRE RIGAUDE.

Oui, vous arrangez cela bien. Les autres qui

arrivent peuvent être contents ; mais les uns qui s'en vont , ne jouissent guère.

MÈRE GÉRONIME.

Que faire? Chacun en est là.

Voilà ma mère , me voici , et voilà ma fille : trois âges bien marqués. Chacun doit accepter pieusement le sien et s'en contenter.

MÈRE RIGAUDE.

S'en contenter.... c'est facile à dire , quand on est encore loin du terme...Mais...

MÈRE GÉRONIME.

Ma fille ne m'a-t-elle pas pris ma jeunesse?

MÈRE JUSTIN.

C'est la loi.

JAVOTTE.

Mais je crois que ce n'est pas le moment de discourir , surtout sur des chapitres aussi inutiles. Le temps passe en attendant.

BARNABÉE.

Il faut que nos chères mères nous donnent leur bénédiction.

MÈRE VINCENT.

Approche-toi , ma fille chérie , que je te sente près de moi , que je t'embrasse.

BARNABÉE.

Bonne mère, vous prierez pour moi.

MÈRE VINCENT.

Oui, quoique les anges n'aient pas besoin de prières.

BARNABÉE , *lui prenant la main.*

Chère grand mère, vous avez toujours été si bonne pour votre Barnabée !.

MÈRE VINCENT.

Et toi, ma fille, depuis ta naissance, tu ne nous a pas donné un seul mauvais jour.

MÈRE GÉRONIME.

Oh ! que c'est vrai, que c'est vrai.

FANCHON.

Oui, c'est vrai, je n'en puis dire autant, moi...
et bien des fois...

JAVOTTE.

Tais-toi donc. Est-ce que les mères se souvien-
nent de ça ? Mais, Barnabée, ne nous offrez-vous
pas de ces bons petits gâteaux?

BARNABÉE.

Ah ! où ai-je donc la tête? (*Elle en offre*). Chères
amies, prenez , je vous prie... encore celui-ci.

FANCHON.

Ils sont excellents.

MÈRE VINCENT.

C'est notre ange qui les a faits, vous savez qu'elle
fait tout bien.

MÈRE GÉRONIME.

Oh! tout, tout... Et elle nous quitte... Ah! si la récolte eût été meilleure...

JAVOTTE.

Voici encore qu'elle va recommencer; mais tout est dit là dessus. Ayons du bon sens, faisons ce qui est convenable sans tant de doléances.

MÈRE GÉRONIME.

Ah !...

(Barnabée donne des verres).

JAVOTTE.

Allons, les grands-mères, buvez le petit coup, et bénissez ces enfants... et puis nous partons.

MÈRE VINCENT.

Vous aussi ?

JAVOTTE.

Moi, je vais avec cette jeunesse jusqu'à la croix de pierre. Je vous rapporterai les derniers adieux.

MÈRE GÉRONIME.

Pauvres, pauvres enfants ! toutes seules...

JAVOTTE.

On n'est point seul quand une partie du village part à la fois; on s'accompagne et on se soutient mutuellement. Mais voyons, pour adoucir ce moment des adieux, Fanchon, fais-nous entendre cette chansonnette que tu chantes gentiment... et que nos rustiques instruments accompagent ta voix.

FANCHON *à ses compagnes.*

Etes-vous prêtes ?

(Elle chante, on l'accompagne avec la vielle et le triangle).

Jeunes filles de Savoie,
Qui grandîtes sur ces monts,
Tristes ou le cœur en joie,
Prenez vos sacs, vos bâtons :
Il faut quitter le village,

Abandonner son chez soi...
A pied se mettre en voyage,
De ce pays c'est la loi.
Ah! pourquoi, ah! pourquoi
Du pays est-ce la loi.

Si l'amour de la vallée
Nous retenait dans nos champs,
Si notre âme était troublée
Crainte de voir des méchants,
Si l'on tient à son village,
Si l'on aime son chez soi...
Il faut se mettre en voyage.
De ce pays c'est la loi.
Croyez-moi, croyez-moi,
Elle est dure cette loi.

Mais lorsque fortune est faite,
On revient voir le pays,
On refait sa maisonnette,
On vient planter son maïs;
Du beau pays de Savoie
On est l'heureux habitant,
On reste le cœur en joie,
On vit heureux et content.

Croyez-moi, croyez-moi,
Alors s'adoucit la loi,
On aime alors cette loi.

JAVOTTE.

Bravo ! c'est charmant... N'est-ce pas que cette petite Fanchon est un bijou ?

FLIPOTTE.

Elle est toute gentille.

UNE PETITE FILLE, *survenant.*

Tout le village est sur la place, qui attend celles qui doivent partir.

MÈRE GÉRONIME.

Ah ! mon Dieu...

JAVOTTE.

Voyons, voyons, à la santé des voyageuse. (*Elles trinquent*).

BARNABÉE, *s'avançant.*

Ma mère... ma grand'mère... bénissez votre

LE DÉPART DE SAVOIE.   5

enfant. *(Elle tombe à genoux. La grand'mère met ses mains sur la tête de Barnabée; Géronine met sa main sur ses yeux et pleure.)*

MÈRE VINCENT.

Mon enfant chérie, tu le sais, si je te bénis, si nous désirons ton bonheur. Pour cela il n'est qu'un vœu à faire, c'est que tu restes sagecomme tu l'as été jusqu'à ce jour ; car, dans quelle position que l'on se trouve dans la vie, la sagesse et l'amour de Dieu font tout supporter.

Je te bénis donc, et je bénis aussi **toutes ces** jeunes filles.

RITE.

Merci, bonne mère, merci, cette bonne bénédiction nous portera bonheur.

MÈRE RIGAUDE ET MÈRE JUSTIN.

Nous vous donnons aussi la nôtre.

MÈRE JUSTIN.

Et nous ajouterons : vous avez le modèle

(montrant Bernabée), imitez-le. — Oui, imitez cette jeune fille, ayez comme elle l'amour du devoir. Beaucoup partent pour courir le monde et s'acheter de belles choses, mais Barnabée ne part que pour être utile à sa famille.

BARNABÉE.

Oh! mère Justin !

MÈRE JUSTIN.

Oui, oui, pourquoi ne pas le dire ! Ça peut-être utile à cette jeunesse, qui la plupart ne s'en va que dans l'idée de conquérir des parures plus élégantes. Barnabée est simple de goûts et de cœur, elle eût préféré rester, je le sais de bonne part, elle laisse ici tous ses affections, car elle a réellement des affections, et cependant elle part. Vous me permettez mère, Vincent et mère Géronime, de dire ceci.

MÈRE GÉRONIME.

Vous flattez notre enfant... pourtant c'est toute la vérité que...

5.

MÈRE JUSTIN.

Oui qu'on peut le dire. Qui de nous ne sait qu'elle eût pu prochainement être unie à quelqu'un digne de l'estime qu'elle a pour lui... Mais le pauvre état de sa famille, le manque des recoltes... Craignant la misère pour ses deux mères... elle a dit : Je pars, je m'en vais au loin chercher des ressources pour remettre l'aisance dans ce pauvre ménage. Bonne Barnabée, elle n'aurait manqué de rien, elle ; mais eût-elle pu être heureuse en voyant ses deux mères souffrir.

MÈRE GÉRONIME.

Oh ! que vous la connaissez bien.

BARNABÉE.

Mon Dieu ! mais qu'y a-t-il là d'étonnant, n'est-ce pas mon devoir d'agir ainsi ?

MÈRE JUSTIN.

Mon enfant, on est toujours louable quand on

fait son devoir. Et combien y en a-t-il qui ne le font pas ?

MÈRE VINCENT.

Oui , mes enfants, soyez sûres que si vous avez cet amour de vos devoirs dans l'âme, le Seigneur vous bénira...

JAVOTTE.

Espérons-le. Allons, encore *(Elle avance son verre)* à leur santé. C'est le coup de l'étrier. Je crois que nous ferions mieux, quant à nous, de dire le coup du soulier.

FANCHON.

Mère Javotte a toujours le mot pour rire.

JAVOTTE.

Eh ! que voulez-vous, il faut tâcher, par la gaité et son bruit joyeux, d'étourdir la tristesse.

TOUTES LES MÈRES, *trinquant.*

A la santé des voyageuses,
De celles qui s'en vont partir.

Allez, enfants, soyez heureuses,
Travaillez à votre avenir.

MÈRE GÉRONIME.

Puis à l'heure de la prière,
Quand vous serez sous l'œil de Dieu,
Pensez à votre pauvre mère,
Qui, si triste, vous dit adieu.

LES JEUNES FILLES.

Toujours en faisant la prière,
Quand nous serons sous l'œil de Dieu,
Nous penserons à notre mère,
Qui, si triste, nous dit adieu.

La mère Géronime va allumer un cierge au pied d'une petite statue de la Vierge. A côté sont deux petits vases de fleurs.

MÈRE GÉRONIME. *chantant.*

Reine du ciel, ô grande Vierge,
Ecartez d'elles tout danger ;
A vos pieds, j'allume le cierge,
Dont la clarté doit les guider.

LES JEUNES FILLES.

Oui, Vierge de notre chaumière,
Qui sur nous voulûtes veiller,
Qu'un rayon de votre lumière
Se montre pour nous diriger.

RITE.

Le démon, sa troupe méchante,
Avec frayeur reculera,
Jamais de sa voix séduisante
A nos cœurs il ne parlera.

TOUTES LES JEUNES FILLES.

Si la Vierge de la chaumière,
Que toujours nous sûmes prier,
Se montrant notre bonne mère,
D'un regard le fait reculer.

JAVOTTE.

Allons, mères, embrassez vos filles. (*Elles s'em-
brassent et se serrent la main. Pendant ce temps,
la musique joue l'air de la Grâce de Dieu.*)

LES MÈRES.

Adieu, filles, adieu,

Notre espoir est en **Dieu.**

Chères filles, adieu,

Notre espoir est en vous, mon **Dieu.**

LES JEUNES FILLES. .

Adieu, mères, adieu...

Nous espérons en Dieu.

Bonnes mères, adieu...

Oui, tout notre espoir est en **Dieu.**

(Elles se disent adieu de la main. Les jeunes filles s'en vont peu à peu. Quand on ne les voit plus la toile se baisse.)

BIEN-MOUCHÉ

OU

LE VALET MODÈLE,

COMÉDIE EN UN ACTE.

MAITRE TRAPU, bourgeois.

BIEN-MOUCHÉ, son domestique.

Le seigneur **RATAPOLUS**, savant ridicule.

CRIQUET, domestique d'un voisin.

La scène se passe chez Maitre Trapu.

SCENE I.

MAITRE TRAPU, *seul.*

Ah! ça, il faut que je sorte... J'ai plusieurs
courses à faire... Des amis à voir... Bon, ma
canne... Ah! la voici... Que je me brosse un peu,
(Il se brosse et essuie son chapeau). Bien, me voilà
propre. *(Il fait quelques pas)...* Ah! mais j'oubliais
ce paquet que j'ai préparé pour le seigneur Ratapolus... C'est un savant qui m'honore de son
amitié... Il ne faut pas le négliger... Cela donne
de la considération de le voir venir ici... Il faut
que je le soigne... Voici le paquet... Je lui envoie
trois marrons glacés... Je sais qu'il les aime... Ce
sera pour son dessert, et ça le régalera... Eh!
Bien-Mouché, Bien-Mouché.

SCENE II.

MAITRE TRAPU, BIEN-MOUCHÉ.

BIEN-MOUCHÉ, *accourant.*

Plaît-il, maître... Me voici.

MAITRE TRAPU.

Fais un peu attention à tout ce que je vais te dire... Je ne puis pas sortir sans que tu fasses quelque balourdise... Tu m'as promis d'être plus sage et plus prudent à l'avenir. C'est ce que nous verrons. Ecoute donc mes instructions.

Voici d'abord ce petit paquet... Ce sont trois marrons glacés que j'envoie en cadeau au seigneur Ratapolus mon ami... Tu le connais bien, n'est-ce pas?

BIEN-MOUCHÉ.

Oh ! que oui... Celui qui me répète toujours :
Asinus Asinum. Connu, mais pas aimé.

MAITRE TRAPU.

Ceci ne fait rien : un savant comme le seigneur
Ratapolus n'a pas besoin de l'amitié de person-
nes... Sa science lui suffit... et au-delà... S'il
m'honore de son amitié, eh bien ! c'est parce qu'il
le veut bien... Il trouve un certain plaisir dans
ma société... Je suis l'homme qu'il lui faut...
Nous nous convenons.

BIEN-MOUCHÉ.

C'est que... je crois... que vos dîners... lui
conviennent mieux encore...

MAITRE TRAPU.

Ce m'est bien de l'honneur qu'il s'assoie à ma
table...

BIEN-MOUCHÉ.

Rare honneur! un mort de faim... qui mangerait...

MAITRE TRAPU.

Insolent... Veux-tu parler avec respect d'un tel personnage.

BIEN-MOUCHÉ.

Tiens, ce personnage, chaque fois qu'il dîne ici, avale tout, jusqu'à ma part. Donc ses jours de fête sont pour moi des jours de jeûne... Qu'il reste loin, bien loin... Sa vue me trouble... Il me fait l'effet de la disette... Partout où il passe, tout reste à sec.

MAITRE TRAPU.

Dieu merci! tu manges assez, et un peu de jeûne ne peut que t'être salutaire, gras comme tu es... Mais laissons tout ça... Tu vas donc chez lui... Tu le salueras de ma part, et tu lui diras que je lui envoie ces trois marrons glacés pour son dessert.

BIEN-MOUCHÉ, *murmurant.*

Un ladre qui, lorsque je lui apporte des cadeaux, ne m'a jamais fait rafraîchir.

MAITRE TRAPU.

Tu iras vite, et tu reviendras de même... Tu resteras ici pour surveiller le dîner. Tu feras en sorte que la sauce du ragoût ne s'épaississe pas trop... Tu feras manger l'oiseau... Écoute bien ceci. (*Appuyant sur les mots*) : Tu ne trairas pas *la chèvre*... Tu feras boire l'âne... Et si quelqu'un me demande ! tu diras que je n'y suis pas...

Surtout répète ton nom de temps en temps, et fait ce qu'il dit... A revoir, Bien-Mouché...

SCENE III.

BIEN-MOUCHÉ, *seul.*

Au revoir, Bien-Mouché... On n'est jamais mouché à son goût... (*Il s'essuie avec sa manche, et sort un mauvais petit mouchoir*). Je m'y prends cependant aussi bien qu'un autre... (*Il se mouche*). Voyons, préparons-nous à porter les marrons glacés... Il faut au seigneur Ratapolus des marrons glacés... La dernière fois qu'il a dîné ici, il y en avait au dessert ; mais le goinfre a tout mangé, et ne m'en a pas laissé la moindre miette pour les goûter.... Pourtant ça m'avait l'air furieusement bon... Et s'il les aime, j'ai un gosier comme lui pour les avaler... Il faut obéir au maître ; le seigneur Trapu est sévère, quand on lui désobéit, et plus d'une fois j'ai connu de près son bâton... Allons donc chez le seigneur Ratapolus... Ah! les marrons glacés, j'allais les oublier... En arrivant chez lui, qu'est-ce que j'aurais dit? Au fait, si je les perdais en route, ça reviendrait tout à fait au même... Je voudrais seulement voir s'ils ont l'air aussi bons que le jour où je ne pus en goûter... (*Les dépliant*). Ceci ne signifie rien... Quelle mine appétissante!... Quelle belle couleur!... J'ai mangé peu à dîner, et je sens que ceci aiguise la faim... (*Regardant au mur*). Oui, voilà le nerf que le seigneur Trapu, mon maître, fait travailler parfois... Que ces marrons ont l'air bons!..

Ce nerf, je l'aurais cinquante fois jeté dans la rivière, comme j'avais fait dans les commencements que j'étais ici... Mais cette précaution ne servait à rien... Le seigneur Trapu a la bourse toujours ouverte, quand il s'agit d'acheter des nerfs de bœuf... et au même instant qu'un disparaissait, il en arrivait un autre plus dur et plus rude encore.

Allons, allons, portons les marrons.. Voyons

d'abord si la sauce n'épaissit pas trop... (*Il regarde et remue le ragoût*). Très-bien.. à mon retour ce sera cuit, et j'y goûterai... Une petite portion peut se prélever... Il n'aura pas peut-être compté les morceaux... Marche, Bien-Mouché... Ah! mais n'oublions pas... (*Il se mouche*), que Bien-Mouché soit deux fois bien mouché de nom et de fait... C'est ça... (*Il remet le vieux mouchoir dans sa poche, et sort*).

SCÈNE IV.

CRIQUET *seul*.

J'ai vu, il y a un moment, s'en aller le voisin; mon maître aussi vient de sortir... J'ai le temps de faire une petite visite à Bien-Mouché... Nous causerons un peu... Mais où est-il donc?... (*Criant*): Bien-Mouché, t'es-tu caché? N'es-tu pas dans la charbonnière ? (*Il cherche*)... Non... Dans l'armoire?... Non... Sous les tables? Nenni... Sous les chaises?... Eh ! où est-il donc?... (*Il regarde partout*)... (*écoutant*). Mais je crois qu'on frappe à la maison. Je reviendrai tout à l'heure.

SCÈNE V.

BIEN-MOUCHÉ, *seul.*

Je suis déjà de retour... Ce n'a pas été long... Eh bien ! ne crains rien, seigneur Ratapolus, les marrons glacés ne te donneront pas d'indigestion... Je n'ai pu y tenir... J'ai voulu en goûter un bribe... tout y a passé... C'est fait... Ils sont là... je ne puis les en tirer...

Ce serait peut-être le cas de réciter ce que mon maître me débite à toutes les soi-disant sottises que je fais.

Dans le crime, une fois, il suffit qu'on débute,
Une chute toujours entraîne une autre chute.

Moi je dirai :

Dans les marrons glacés, il suffit qu'on commence,
Bribe à bribe bientôt disparaît la pitance.

Eh bien ! voyez-vous, voilà que je vais devenir aussi un savant... Au fait, si je devais ressembler au seigneur Ratapolus, j'aime mieux rester un âne... Cependant ce n'est pas le tout... Que dira mon maître?... (*Il regarde le nerf*). Ah ! oui, tu es toujours là, toi... (*Vivement*). Eh bien ! ils sont mangés... ils sont mangés... j'ai très-bien fait, et voilà... Suis-je bon !... Que le seigneur Ratapolus aille se promener, et mon maître avec lui... Ils sont mangés... il n'y a pas autre chose à dire. Ah ! voilà Criquet.

SCÈNE VI.

BIEN-MOUCHÉ, CRIQUET.

BIEN-MOUCHÉ.

Bonjour, voisin.

CRIQUET.

Salut au Bien-Mouché... Pendant que nos maîtres sont dehors, ne pouvons-nous faire la conversation ?

BIEN-MOUCHÉ.

Je n'y vois pas d'obstacle... au contraire... Etes vous toujours aussi occupé ?...

CRIQUET.

Je n'ai pas seulement le temps de respirer...

mon maître m'accable d'ouvrage... il me sur-
charge... Balayer d'un côté, frotter de l'autre...
plumer une oie... tirer du vin... ouvrir la porte,
fermer la fenêtre... c'est à n'y pas tenir... Et cela
sans aucune interruption...

BIEN-MOUCHÉ.

Oh! ces maîtres, que c'est injuste!... C'est
comme moi, il vient et me dit : voici trois marrons glacés... porte-les au seigneur Ratapolus.

CRIQUET.

Oui !

BIEN-MOUCHÉ.

Oui.

CRIQUET.

Après.

BIEN-MOUCHÉ.

Eh bien ! cet original de maître... les marrons
je les ai pris pour les porter... Oh! ces maîtres
comme il vous traitent!...

CRIQUET.

Alors...

BIEN-MOUCHÉ.

Eh bien! alors... ils se sont fondus en chemin.

CRIQUET.

Ah! fondus... mais de quelle manière ?

BIEN-MOUCHÉ.

Eh bien ! dans ma bouche donc...

CRIQUET.

Ah ! c'est ainsi que je le comprenais... tu les as mangés. — Tu as bien fait.

BIEN-MOUCHÉ.

Oui , mais après le plaisir la peine... Tu vois ce nerf...

CRIQUET.

Ah! bast!... un bon mensonge... Cherche une invention.

BIEN-MOUCHÉ

Mais quoi?...

CRIQUET.

Tu les as perdus en route... tu les avais posés sur cette chaise... le chien a passé, il les a avalés... ou cent autres choses de ce genre... Ça ne coûte guère un mensonge.

BIEN-MOUCHÉ.

Oh! c'est pas le mensonge qui m'effraie... je mens sans cesse... Avec les maîtres peut-on faire autrement?

CRIQUET.

Quant à moi, j'en ai tellement pris l'habitude, que, quand je me surprends à dire la vérité,

j'ai honte de moi... d'être si peu inventif, et de
ne rien trouver à dire de mieux.

BIEN-MOUCHÉ.

Que veux-tu ! devant les maîtres ! on est quelquefois si bête... moi le premier... Mais c'est
ça... je dirai que j'allais sortir... que j'avais posé
le paquet là-dessus... Castor a passé... son nez
lui a dit : il y a là des marrons glacés... et pst...
pendant que je remuais la sauce... il a fait le
coup... et mangé les marrons.

CRIQUET.

Parfait... parfait, ne t'en mets plus en peine...
occupons-nous un peu de nous... Qu'allons-nous
faire ? si nous buvions un petit coup...

BIEN-MOUCHÉ.

Sûr qu'après les marrons glacés c'est nécessaire... Tiens, attends... Je sais qu'il y a ici derrière ces livres, sur cette étagère, quelque chose
de bon... mais c'est haut... mon maître l'a fait

exprès pour que je ne puisse y atteindre... (*Il essaye*). Je suis trop court.

CRIQUET.

Oui, mais il n'a pas songé qu'à deux on monte le double haut... Attends, attends... tiens, monte sur mes épaules... et choisis la bouteille, toi qui les connais. Allons, leste, Bien-Mouché.

BIEN-MOUCHÉ.

Ah ! Bien-Mouché ! attends... Heureusement que ce nom me rappelle... je l'oublierais toujours sans cet avertissement. (*Il se mouche*) Allons, es-tu prêt? (*il monte sur les épaules de Criquet*) — M'y voilà, j'y suis... (*Il furette l'étagère. Bientôt il renverse deux tasses en porcelaine, fait tomber deux bouteilles. qui se brisent, et mouillent les livres et les papiers... Il saute à terre.*)

CRIQUET.

Pataplaf... En voilà une de besogne... Aussi comment as-tu fait ?

BIEN-MOUCHÉ, *pleurnichant.*

Oui, si tu m'avais mieux tenu... ce ne serait pas arrivé... Ah ! ah !

CRIQUET.

Dis plutôt... Si je n'eusse pas été si maladroit.

BIEN-MOUCHÉ, *se regardant tout mouillé.*

Je suis frais à présent.

CRIQUET.

Oh ! tu es très-frais, ou du moins au frais... Aussi on s'y prend avec plus d'adresse... Le plus triste de l'histoire, c'est qu'il n'y a plus rien dans 'es bouteilles... tout est à terre, ou sur les livres, ou sur toi... nous ne pourrons pas boire.

BIEN-MOUCHÉ.

Eh bien ! s'il n'y a rien à boire, tant pis, Monsieur Criquet... Si on peut me tenir si mal !

CRIQUET.

Vous n'êtes qu'un niais, Monsieur Bien-mouché,

Il a longtemps que ça s'est dit... et sur ça je
vous tire ma casquette.

SCÈNE VII.

BIEN-MOUCHÉ, *pleurant.*

Oui, à présent comment vais-je faire? Que dira mon maître, quand il reviendra et qu'il
verra tous ces massacres? Ces tasses, il y tenait
tant... Ah! mes pauvres épaules... mes pauvres
jambes... ma pauvre tête... car ce maudit nerf
attrapé partout... Ah! ah!... (*changeant de ton*)
Est-ce que ce serait bien de sucer ça?.. (*il suce sa
manche*) C'est tout de même doux... Quel dom-
mage d'avoir cassé la bouteille! — Quel régal
c'eût été!...Voyons, faisons du moins les choses
que mon maître m'a ordonnées, afin que tout ne
soit pas contre moi...Allons donc!... Primo,... ne
pas traire la chèvre... secundo... donner à manger à l'oiseau... tercio... faire boire l'âne... voi-

là bien trois choses à faire... mais avant remuons la sauce, et découvrons le feu... Il est juste que, pour me dédommager de la perte du vin, je goûte au plus tôt de ceci, avant que mon maître revienne... Allons, bon, bon, et dépêche-toi d'être prêt... Tiens, l'oiseau qui chante... Il m'appelle... Je suis à toi, petit ritchitchioue, je vais à toi.. (*Il sort en chantant comme l'oiseau*).

SCÈNE VIII.

MAITRE TRAPU; LE SEIGNEUR RATAPOLUS.

MAITRE TRAPU.

Il m'est bien bien profitable, Seigneur Ratapolus, d'être dans votre aimable société... on apprend avec vous toujours, toujours quelque chose.,.

LE SEIGNEUR RATAPOLUS.

Mise ridicule , robe longue, grande barbe, cha-

peau pointu, plume à l'oreille, encrier à la cein-
ture, et lierre sous le bras.
(Il parle toujours orgueilleusement et avec un
air affecté.)

J'ai tant étudié... tant appris moi-même qu'il
n'est pas étonnant que le savoir ruisselle de ma
conversation.

MAITRE TRAPU.

Aussi je suis très-honoré... que vous abaissiez
votre haute intelligence... au niveau de la bas-
sesse de la mienne.

LE SEIGNEUR RATAPOLUS.

Vous voyez que dans la nature, l'ormeau ne
dédaigne pas le lierre qui rampe à ses pieds... Il
le reçoit et le protége.

MAITRE TRAPU.

En ce cas, vous êtes le superbe ormeau, et je
suis l'humble lierre.

LE SEIGNEUR RATAPOLUS, *superbement.*

Je ne l'entendais pas différemment.

MAITRE TRAPU.

Quelles pensées délicates et justes ! Mais permettez-moi, seigneur Ratapolus, pendant que vous remplirez cet espace de savoir, de vous adresser quelques questions. Avec un personnage comme vous, il ne faut penser qu'au solide : ce serait bien perdre son temps que de s'occuper, comme les autres hommes, de choses vulgaires et matérielles...

LE SEIGNEUR RATAPOLUS.

Adressez... Vous pouvez dire : Emplissez la cruche de votre ignorance à la fontaine de science, qui coule de mes lèvres.

MAITRE TRAPU.

C'est que ce sont des expressions... des pensées... Oh ! un savant, c'est beau à voir et à entendre.

Mais pardon... *(Saluant)* Je voudrais vous demander... Quand je vous considère, il me semble q e vous devez toujours avoir été un être supérieur, étant enfant même, n'est-ce pas ?

LE SEIGNEUR RATAPOLUS.

Moi, enfant ! Je ne me rappelle pas de l'avoir
jamais été.

MAITRE TRAPU.

Voilà... Est-ce que, comme les autres enfants,
vous aimiez le jeu, les courses, les récréations ?

LE SEIGNEUR RATAPOLUS.

Vous me parlez là de fadaises indignes de ma
gravité.

MAITRE TRAPU.

Voyez-vous, je l'aurais dit, ce génie supérieur
est né tel qu'il est.. Il n'a pas grandi peu à peu.

LE SEIGNEUR RATAPOLUS.

Pareil à une source qu'on voit tout à coup sour-
dre et jaillir... Ainsi fut et existe mon génie...
Gare, gare, il inonde si vous êtes trop près...

MAITRE TRAPU, *se reculant.*

Il inonde... Quel homme !.. Quel homme !

LE SEIGNEUR RATAPOLUS.

Je suis une source, une fontaine, un puits...
puits caché et dont un regard vulgaire ne peut
connaître la profondeur. Qu'est-ce que je ne connais pas? qu'est-ce que je ne sais pas ? qu'est-ce
que je n'explique pas? qu'est-ce que que je n'entends pas? tout, tout, tout...

MAITRE TRAPU.

O roi des génies!...

LE SEIGNEUR RATAPOLUS.

Nommez-moi du globe tous les pays, toutes les
rivières, tous les fleuves, tous les villages, toutes les communes, tous les hameaux, et vous verrez si le seigneur Ratapolus vous dit : Je ne les
connais pas.

MAITRE TRAPU.

C'est prodigieux!... on...

LE SEIGNEUR RATAPOLUS.

Parlez-moi de toutes les étoiles... depuis la
première planète jusqu'au plus petit point lumi-

neux ...voie lactée, Gémeaux, grande Ourse, petite
Ourse, Vénus, Mercure, Jupiter... Dites, dites-moi
le nom de ces innombrables étoiles qui brodent le
manteau du ciel, et vous verrez si de toutes je
ne vous dis pas le nom, la demeure, le voisinage,
l'âge et la course...

MAITRE TRAPU.

Je suis abasourdi... est-ce que?...

LE SEIGNEUR RATAPOLUS.

Voulez-vous de l'histoire? Citez tous les peu-
ples qui ont paru, en commençant par le premier
et finissant par le dernier... ou, si vous préférez,
en commençant par la dernier et finissant par le
premier... l'ordre qu'il vous plaira.. ça m'est
égal... j'écoute tout, je suis prêt à tout écouter...
Commencez cette nomenclature, et vous verrez
si le seigneur Ratapolus vous dit une seule fois :
Je ne le connais pas...

MAITRE TRAPU.

Quelle magnificence de savoir !

LE SEIGNEUR RATAPOLUS.

Puis les grands hommes!... les hommes, seulement... les femmes et les enfants, je ne m'en occupe pas... Ça n'est bon que pour faire foule et garnir le globe... Oui, citez-moi les savants les illustres... savants... Voyons, j'attends... Citez, nommez...

MAITRE TRAPU, *saluant.*

Seigneur, j'admire votre science, mais vous comprenez, ô illustre, que pour citer et nommer tous ces pays, tous ces personnages, toutes ces constellations, il faudrait les connaître... il faudrait être un savant comme vous... Moi, je...

LE SEIGNEUR RATAPOLUS.

Ah ! j'oubliais... je croyais avoir affaire à un confrère... C'est vrai... vous êtes, vous, dans le vulgaire... Je vous plains, je vous plains beaucoup...

MAITRE TRAPU.

Grâce à Dieu, je ne m'en porte pas plus mal... mais je...

LE DÉPART DE SAVOIE.   7

LE SEIGNEUR RATAPOLUS.

Ma comisération vous est acquise.

MAITRE TRAPU.

Ah !

LE SEIGNEUR RATAPOLUS.

Peut-on respirer sans sciences?... parler sans
avoir à sa disposition toutes les langues?... Oui,
moi, mortes, vivantes, je connais toutes les langues, tous les idiomes, tous les patois, tous les
jargons, etc, etc... mais vous... vous...

MAITRE TRAPU.

Hélas! moi, je ne connais que la mienne...
celle de mon pays... puis celle qui me sert à dé-
guster les liqueurs.

LE SEIGNEUR RATAPOLUS.

Je vous plains... plains... plains...

MAITRE TRAPU.

Mais, à propos, seigneur Ratapolus, en parlant
de liqueurs, vous me permettrez, j'espère, de
vous offrir quelque reconfortant. Que je bénis le

ciel qui m'a procuré un ami comme le seigneur Ratapolus, pour embellir ma vie et m'instruire si fructueusement... Voyons, Bien-Mouché, le souper est-il prêt?... Mets la table... Vous goûterez d'une liqueur qui est quelque chose de bon.

LE SEIGNEUR RATAPOLUS.

Vous êtes mon ami... Je ne vous ferai point l'affront d'un refus...

MAITRE TRAPU.

Ah ! à propos... *(Saluant)*. Comment avez-vous trouvé les marrons glacés ?

LE SEIGNEUR RATAPOLUS.

Quels marrons glacés ?

MAITRE TRAPU.

Eh bien ! ceux que je vous ai envoyés pour votre dessert, par Bien-Mouché.

LE SEIGNEUR RATAPOLUS.

Vous plaisantez ! Je n'ai rien reçu.

MAITRE TRAPU.

Comment? Ne plaisantez-vous pas vous-même, seigneur Ratapolus ?

Vrai... vous ne les avez pas reçus ?

LE SEIGNEUR RATAPOLUS.

Ni vus ni reçus, ni goûtés.

MAITRE TRAPU.

Est-ce que ce gourmand de Bien-Mouché serait capable...(*Il appelle*) Bien-Mouché... Bien-Mouché... (*Il va d'un côté et d'autre et aperçoit le désastre*). Oh ! mon Dieu ! qu'est-ce qu'on a fait là... Ah! le coquin se cache, et je vois bien pourquoi. Est-il possible, ces superbes tasses... et puis cette liqueur si précieuse que je vous destinais, seigneur Ratapolus... Voilà... ce sont les livres qui l'ont bue.

SEIGNEUR RATAPOLUS, *levant les mains avec colère.*

Ah ! le grand sot que ce valet... Mettez-moi ça de suite à la rue à grands coups de pied...

MAITRE TRAPU.

C'est un garçon qui a du bon , mais le plus grand maladroit... Enfin , enfin , le nerf est là, il en tâtera...

LE SEIGNEUR RATAPOLUS.

Renverser la liqueur !... Écorchez-lui la peau... Qu'il s'en souvienne, ce manant... (*Allant et venant*). J'avais une soif...

MAITRE TRAPU.

Mon Dieu ! et je n'ai plus rien... que de l'eau.

LE SEIGNEUR RATAPOLUS.

Cet oison bridé, ce gouffre, voyez-le! la liqueur il l'a bue... et il a cassé la bouteille après... La liqueur...

MAITRE TRAPU.

Venez, Seigneur Ratapolus, fureter dans toute la maison , nous le trouverons peut-être.

LE SEIGNEUR RATAPOLUS.

Nous rendra-t-il la liqueur ?

LE DÉPART DE SAVOIE.   7.

MAITRE TRAPU.

Ah ! ceci non... mais nous verrons ce qu'il dira
pour sa défense...

LE SEIGNEUR RATAPOLUS.

Je me moque bien de ce qu'il dira.... je... la
liqueur ?...

MAITRE TRAPU.

Venez , seigneur , venez... (*Ils sortent*).

SCÈNE IX.

BIEN-MOUCHÉ, *arrivant du même côté.*

Eh bien ! c'est à présent que je me balance ,
dans le fond du précipice... Oh ! jour à marquer
d'une pierre noire , comme dit le seigneur Ratapolus... jour pire qu'une nuit. (*Il va et vient).*
Que vais-je devenir ?... Où pourrai-je me four-
rer , me dissimuler , me soustraire , me fondre ,
me réduire en fumée? Que dira le maître ?...Tout

est cassé, brisé, renversé.. (*Il compte sur ses doigts*). Les marrons mangés... la porcelaine cassée... le vin perdu... l'oiseau envolé... la chèvre et l'âne échappés. Oh! oh!... Ah! misérable que je suis, je n'ai plus qu'à faire mon paquet et partir avant que maître Trapu revienne.

SCÈNE X.

BIEN-MOUCHÉ, CRIQUET.

CRIQUET.

Il paraît qu'on est trop riche par ici... que vous laissez courir votre bien dans la rue.

BIEN-MOUCHÉ.

Que dit-il?.. Quoi?... qu'est-ce?...

CRIQUET.

Te voilà bien effaré... Je dis que votre bien, celui de ton maître, enfin... crie et donne des coups de corne à la porte de l'étable... Est-ce toi enfin qui a chassé du logis la chève et l'âne?

BIEN-MOUCHÉ.

Que dis-tu? la chèvre et l'âne... est ce qu'ils sont revenus?

CRIQUET.

Revenus !

BIEN-MOUCHÉ.

Oh! bonheur!... Bonne chèvre... cher âne... Mais est-ce bien vrai ?

CRIQUET.

J'étais dans la cuisine à piler du sel... lorsque j'entends hi han, hi han... Et puis bée, bée... Qu'est-ce que c'est que ça... ? J'arrête mon pilon... j'écoute... mieux... Nouveau hi han, nouveau bée, bée... accompagnés de coups de pieds, de coups de cornes..Tiens, que je fais.... ça semble la voix des voisins.... Effectivement, je m'approche, je vois ces pauvres bêtes à la porte de leur domicile... et comme ce n'était fermé qu'avec le loquet, j'ai ouvert, et ils sont rentrés fort joyeux chez eux, où dans ce moment ils s'oc-

cupent à grignoter une poignée de foin, que je
leur ai donnée.

BIEN-MOUCHÉ.

Oh! merci, merci, Criquet.

CRIQUET.

Tu vois que je suis le précepte de l'Evangile
qui dit: rendez le mal pour le bien.. Du moins
veux-je dire rendez le bien pour le mal... Tu
m'avais rudoyé tantôt...

BIEN-MOUCHÉ.

Que veux-tu, il est de ces moments où... Mais
j'entends le maître... N'as-tu point d'immense
poche, Criquet, où je puisse m'engloutir?

SCÈNE XI.

BIEN-MOUCHÉ, CRIQUET, MAITRE TRAPU.

MAITRE TRAPU.

Ah! Ah! voici le héros de cette belle odyssée...

Tu vas me payer tes sottises avec ta peau, puisque tu n'as pas d'autre monnaie... (*Il prend le nerf*).

BIEN MOUCHÉ, *derrière Criquet.*

Oh ! maître, maître, j'ai tort! oui tort, mais...

MAITRE TRAPU, *brandissant le nerf.*

Allons, allons...

BIEN-MOUCHÉ.

Maître, pardon... ils sont revenus tous les trois... pardon, pardon...

MAITRE TRAPU.

Qui sont revenus tous les trois? les trois marrons que le seigneur Ratapolus n'a pas vus?

BIEN-MOUCHÉ.

Oh! maître, ceci est une bagatelle... un rien... Non, c'était la chèvre et l'âne et l'oiseau qui étaient partis ensemble.

MAITRE TRAPU,

Que dit-il? Nouvelle histoire... Comment, vau-
rien, la chèvre, l'âne et l'oiseau étaient partis? C'est
ainsi que tu as soin de ce qu'on met sous ta
garde.

BIEN-MOUCHÉ, *larmoyant*.

C'est au moment où j'allais faire vos commissions, j'étais parti pour ne pas traire la chèvre,
donner à manger à l'oiseau... et... il paraissait
si content, si satisfait! Petit, lui ai-je dit, préfère-
rais-tu avoir la porte ouverte... ne t'en irais-tu
pas... Et il me regardait... et il faisait de petits
cuie cuie... il semblait me répondre oui. Moi, je
dis: Essayons... J'ai été seulement chez l'âne,
voilà que de là, je vois le petit qui sort de la cage ;
je me précipite, pour le faire rentrer ; et, en attendant, l'âne et la chèvre s'échappent. Comprenez-vous... y a-t-il là de ma faute ?

MAITRE TRAPU.

Grand niais...

BIEN-MOUCHÉ,

Mais ils sont revenus... Criquet leur a ouvert la porte.

CRIQUET.

Oui, seigneur Trapu, tout cela est bien vrai. Et l'oiseau, je l'ai vu dans sa cage... Donc il est aussi revenu.

MAITRE TRAPU *à Bien-Mouché.*

Tu es plus heureux que sage... Mais enfin, les marrons?

BIEN-MOUCHÉ.

Ah! les marrons... Oui... Ils ont été mangés... Le chien... le...

MAITRE TRAPU.

Oui, oui, le chien... le niais Bien-Mouché les a avalés... Et la liqueur, et ce désastre... C'est aussi le chien qui y est monté.

BIEN-MOUCHÉ.

Oh ! Maître, la poussière... Je voulais...

MAITRE TRAPU, *brandissant le nerf.*

Il faut à tous ces péchés une bonne punition. Si j'écoutais le seigneur Ratapolus, je t'écorcherais presque en entier... Ah ! il est joliment furieux contre toi.

BIEN-MOUCHÉ.

Le seigneur Ratapolus, je ne le servirais pas pour son pesant d'or... Pardon pour cette fois, maître.

CRIQUET.

Allons, seigneur Trapu, encore cette fois... Il se corrigera...

MAITRE TRAPU.

Si je ne te chasse pas... c'est que je crains de trouver pire encore en changeant... Je sais que j'ai un âne... je pourrais avoir un fripon..

CRIQUET.

Bel éloge des valets!

MAITRE TRAPU.

Méritent-ils mieux?...

CRIQUET.

Il en est de tous...

MAITRE TRAPU.

C'est vrai... Mais les bons sont une merveille qu'on ne peut se flatter d'avoir... Allons, il est tard... allons souper... Et nous verrons comment tu te conduiras... Le nerf et toujours là...

BIEN-MOUCHÉ, *sautant.*

Il m'a pardonné cette fois... Il me pardonnera bien encore d'autres... Allons, dans ma joie, je vous invite tous à venir avec nous manger ce souper.

LIMOGES. — IMPRIMERIE DE BARBOU FRÈRES.